W9-AMQ-960

an Xavier Mission has been acclaimed by authorities as the finest example of mission architecture in the United States. It is a graceful blending of Moorish, Byzantine and late Mexico Renaissance. So well do the diverse elements fuse, that it is impossible to point out where one style begins and the other ends.

La misión San Xavier ha sido aclamada por las autoridades como el mejor ejemplo de arquitectura misiona estadounidense. Es una elegante mezcla de estilos Moros, Byzantinos y del renacimiento Mexicano reciente.

he Mission's architecture was modified by local availability of material and labor.

This "monument of man's timeless devotion to God" is surrounded by fields of grain and cotton and by the dwelling of Papago Indians, or the Tohono O'ohdam, as they prefer to be called.

La arquitectura de la misión se modificó por el material disponible y por la mano de obra. Este monumento construído a la devoción a dios, está en los campos de grano y algodón, y las moradas de los Papagos, o los Tohono O'ohdam, como prefieren ser llamados.

**Mary Pew Benson Garden. The exterior grounds, like the buildings, have been beautifully preserved.**

**El jardín de Mary Pew Benson. Los terrenos exteriores, como los edificios, están hermósamente conservados.**

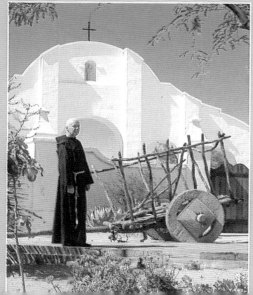

**ranjon Arch, North Entrance to the Mission.**

**El Arco Granjón, la entrada al norte de la misión.**

The striking simplicity of white against desert vegetation.

La sencillez extraordinoria del blanco contra la vegetación del desierto.

3

The exterior of the Mission buildings were again restored in 1984 through the efforts of the Franciscan Friars.

El exterior de los edificios de la misión fue restaruado de nuevo en 1984 por los esfuerzos de los frailes franciscanos.

Left: the completed tower situated on the left side as you face the entrance.

Below: a view of both towers at the entrance. Major restoration was undertaken by Bishop Henry Granjon and the mission was restored by 1906.

A la izquierda: la torre completada, situada a su izquierda cuando mira hacia la entrada.

Abajo: Una vista de las dos torres a la entrada. El obispo Henry Granjón emprendió una gran restauración, y para el año 1906, la misión se encontró complétamente restaurecida.

The Mortuary Chapel at the Old Cemetery, the only monument for the graves of those buried there.

La capilla del mortuorio que da al cementerio viejo es el unico monumento dedicado a las sepulturas ahi enterradas.

**V**iew of the Mission from a distance. The dome in the center is above the main chapel. Lion figures can be found on the Mission premises. They represent the Lions of Castille.

**V**ista a distancia de la misión. La Cúpula del centro se encuentra encima de la capilla principal. Se pueden encontrar figuras de leones en los terrenos de la misión. Representan los leones de Castilla.

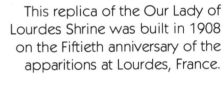

This replica of the Our Lady of Lourdes Shrine was built in 1908 on the Fiftieth anniversary of the apparitions at Lourdes, France.

Esta réplica de Nuestra Dama de Lourdes se hizo en 1908, en el quinto aniversario de las apariciones en Lourdes, Francia.

Between this entry and the unfinished east tower is the old "convento". The ceiling beams in this wing are believed to have been part of the Espinoza Chapel.

Entre esta entrada y la torre del este (que esta aún por acabar) se encuentra el convento antiguo. Se cree que las vigas del techo eran parte de la capilla de Espinoza.

This shrine of world renown dramatically rises from the desert against a vivid blue sky and warm brown hills and distant mountains.

Este santuario, mundiálmente famoso, asciende dramaticamente del desierto y contrasta con un luminoso cielo azul con calidas colinás morenas y montañas distantes.

A prominent part of the Mission's facade is the Franciscan coat-of-arms with the monograms of Jesus and Mary on either side. The four figures in niches are believed to represent St. Barbara, St. Catherine of Siena, St. Cecilia and St. Lucy.

Una parte prominente de la fachada de la misión es el escudo de armas franciscanos, con monograma de Jesus y la virgen Maria.
Se cree que las cuatro figuras en los niches representan Santa Barbara. Santa Catherine de Siena, Santa Cecilia y Santa Lucia.

The present building was built by the Franciscan Friars with the help of the villagers of Bac, the Papagos, or Tohono O'odham Indians. The Franciscans celebrate the Holy Sacrifice of the mass daily.

In the chapel a statue of St. Ignatius Loyola, the founder of the Jesuit Order.

El edificio de hoy dia fue construído por los frailes franciscanos con la ayuda de los habitantes de Bac, los Pápagos o Tohono O' odham. Los franciscanos celebran el Sacrificio Santo de la misa diáriamente.

En la capilla, una estatua de San Ignacio Loyola, el fundador de los jesuitas.

eathered doors of mesquite open into an area similar to a vestibule, with choir loft above and the main altar at the far end. The church is composed of burned brick covered with lime plaster and the interior measures 98 feet 6 inches by 21 feet 7 inches.

Puertas desgastadas de mesquite habren a un lugar similar a un vestíbulo con balcón para el core, y un altar principal al extremo. La iglesia está compuesta de ladrillo quemado cubierto de yeso de lima, y el interior es de 98 pies 6 por 21 pies 7.

The retable or altar background, considered the finest example of a Spanish retable north of Mexico, is divided into three tiers supported by eight columns. Built entirely of burned brick, it is covered with gilded and painted plaster embellishments.

Two semi-circular railings of mesquite enclose the sanctuary. On either side of the gate is a replica of a wooden statue of a comical crouched lion. Suspended from the pilasters flanking the sanctuary are life-sized twin angels.

El fondo del altar, considerado como el mas bello ejemplo de altares españoles al norte de México, está dividido en tres hileras, y sostenido por ocho columnas. Enteramente construido de ladrillo quemado, el fondo está cubierto de yeso dorado y adornos pintados sobre el yeso.

Dos barandillas semicirculates de mesquite encierran el santuario. A cada lado del portón hay una réplica de una estatua de madera de u león agachado y gracioso. Suspendidas del santuario, cuelgan dos angeles iguales, de tamaño natural.

Above: A mural of the Last Supper.          Árriba: Una mural de la Cena.

The Chapel of the Sorrow-
ful Mother. In the many niches and
medallions are enshrined represen-
tations of other saints.

La capilla de la Madre de los
Dolores. Dentro de los muchos
niches hay representaciones de
otros santos.

18

The reclining statue to your left as you face the main altar is that of St. Francis Xavier. This image of St. Francis Xavier represents the Patron Saint of the Mission, and it has become a place of pilgrimage to many in the Southwest.

La estatua reclinada a la izquierda es San Francis Xavier. Esta imagen de San Francis Xavier representa el Santo Patrón de la mision, y se ha convertido en un lugar de peregrinación para muchos del sudoeste.

The Chapel of the Suffering Savior.

La capilla del salvador sufriendo.

The Baptistry with the statue of Nazareno, located on the ground-floor in the finished tower.

El bautisterio con la estatua de Nazareno, situada en el piso bajo de la torre terminada.

ight lighting of the Mission. Services are held here regularly for the Papago Indians who are the direct descendants of those for whom the Mission was conceived.

La misión encendida de noche. Aquí se ofrecen servicios regulares para los indios Pápago, quien son los descendientes directos de aquellos por los que la misión fue concebida.

The two Mission towers, magnificently classic in design, rise up to the sky.

Las dos torres de la misión, magnificamente clásicas en diseño, ascienden hacia el cielo.

**F**ireworks illuminate the sky above the beautifully preserved Mission of San Xavier del Bac during the San Xavier Festival held annually on the first Friday after Easter.

**F**uegos antificiales iluminan el cielo encima de la hermosa misión de San Xavier del Bac durante el festival de San Xavier, celebrado anuálmente el primer viernes despues de Pascua.